NOTICE
HISTORIQUE ET DESCRIPTIVE

SUR

Notre-Dame de Grenoble,

PAR EUGÈNE BONNEFOUS,

ANCIEN RÉDACTEUR EN CHEF DU PROGRÈS DU LOT,

auteur de quelques écrits littéraires.

> La Cathédrale était un grand livre de pierre sur lequel chaque génération écrivait l'histoire de son siècle et laissait une empreinte ineffaçable de son passage sur terre.

A Grenoble,

CHEZ BARATIER FRÈRES ET FILS, LIBRAIRES,
Imprimeurs de l'Évêché.

—

1839.

LK 7/3028

COUP-D'ŒIL ARCHÉOGRAPHIQUE.

DÉCEMBRE 1839.

Notice

HISTORIQUE ET DESCRIPTIVE

SUR

NOTRE-DAME DE GRENOBLE,

Par Eugène Bonnefous,

ANCIEN RÉDACTEUR EN CHEF DU PROGRÈS DU LOT,

auteur de quelques écrits littéraires.

> La Cathédrale était un grand livre de pierre sur lequel chaque génération écrivait l'histoire de son siècle et laissait une empreinte ineffaçable de son passage sur terre.

A Grenoble,

CHEZ BARATIER FRÈRES ET FILS, LIBRAIRES,

IMPRIMEURS DE L'ÉVÊCHÉ.

—

1839.

GRENOBLE, IMPRIMERIE DE J⁽ᵐ⁾ BARATIER.

NOTICE

HISTORIQUE ET DESCRIPTIVE

SUR

NOTRE-DAME DE GRENOBLE.

Le moyen âge (1) n'eut qu'une seule expression pour traduire sa pensée, l'architecture est le grand livre de cette époque gigantesque.

Qui révéla donc à nos pères les secrets de cette belle architecture qu'on chercherait en vain à imiter aujourd'hui ? *qui les initia aux mystères de l'art* (2) ? L'inspiration ! enthousiasme divin, qui élève l'homme au-dessus de lui-même. Voyez devant vous ces masses de pierre qui s'élancent à cent pieds de hauteur, voyez ces nefs profondes toutes remplies de l'esprit divin, voyez ces dalles usées par la prière !... C'est le génie chrétien, le génie du moyen âge qui produisit cette architecture, et bâtit ces sublimes cathédrales devant lesquelles l'esprit s'arrête confondu de tant de grandeur, de tant d'imposante hardiesse, et où vous ne pouvez pénétrer sans éprouver *une sorte de frissonnement, un sentiment vague de la Divinité* (3); il est vrai de dire que nos pères puisèrent dans la Religion ces étonnantes conceptions ; la cathédrale était pour eux le temple, le centre de la famille, le foyer, le tribunal, la cathédrale résumait à elle seule toutes les phases de la vie humaine ; aussi ces édifices ont-ils leur caractère propre, caractère qui porte l'empreinte si profonde, si intime du christianisme. Comme autant d'enseignements historiques, ces édifices disent ce que peut une croyance, ce que peuvent les têtes qu'elle inspire, les cœurs qu'elle fait battre, et les bras qu'elle fait agir (4). On sait que plusieurs générations travaillaient à la construction de ces masses gothiques qui seront toujours des monuments destinés à rappeler les mœurs et l'histoire des siècles passés.

Avant d'écrire l'histoire d'une cathédrale, il n'est pas inutile de rechercher quels furent les différents systèmes de formes et de constructions des monuments anciens.

Les premiers temples chrétiens, à Rome, furent des catacombes où les enfants du Christ célébraient leurs mystères ; Constantin tira les chrétiens de ces retraites souterraines et leur donna, pour la célébration de leur culte, des édifices spacieux appelés *basiliques* par les anciens.

En 326, s'éleva à Rome la première église construite par les chrétiens; elle fut dédiée à saint Pierre, et l'habitude de célébrer le culte dans les basiliques, fit d'abord adopter la forme de ce genre d'édifice, mais sur un modèle propre à offrir un intérieur vaste et magnifique (5). On y entrait sous un portique à colonnade grecque, par un arc arrondi que soutenaient deux pilastres latéraux, ornés d'arabesques, posés sur des griffons ou des chimères ; dans l'intérieur, une nef avec deux rangs de colonnes de chaque côté, dirigés du couchant au levant ; vers le fond de l'édifice, une seconde nef transversale s'étendant du midi au nord, donnait au plan de l'Eglise la forme d'une croix imparfaite.

On voit encore, à Rome, plusieurs églises qui offrent un exemple de cette disposition primitive.

Après la désertion de Rome, lors de la fondation de Byzance, les arts se portèrent vers la Grèce, et sur cette nouvelle terre, conquise par le christianisme, il fallut agrandir les temples ; on substitua l'arcade romaine ou byzantine à l'entablement rectiligne des colonnes grecques antiques ; quoique l'arcade fut déjà connue depuis longtemps à Rome, elle ne commença à dominer tout à fait qu'avec les Byzantins ; et, de même que l'entablement grec à profil rectiligne nécessitait presque, pour l'harmonie du coup d'œil, la voûte unie ou le plancher à plein cintre, de même l'emploi de l'arcade poussa l'art à l'usage de la voûte unie. C'est l'architecture byzantine (6) qui créa cette *Sainte-Sophie* reconstruite, sous *Justinien*, par les architectes *Antémius de Tralles* et *Isidore de Millet*, avec des moyens inconnus jusqu'alors.

Pour la première fois, on vit s'élever dans les airs une voûte immense, conception la plus hardie de l'art ; alors on vit cette coupole gracieuse placée au milieu de la croix que formaient les édifices de ce genre ; alors encore, on vit l'effet admirable et majestueux de cette voûte hémisphérique dont l'antiquité n'avait donné que des exemples de petite dimension. Les nations les plus éclairées adoptèrent un tel genre de disposition. Les Vénitiens furent les premiers, en Italie, à imiter cette forme et cette coupole, dans la reconstruction de leur cathédrale *Saint-Marc*, de Venise, dont la construction primitive date de l'année 830, et qui fut brûlée, vers la fin du dixième siècle, dans une sédition où le doge *Condanio* fut égorgé. Cet édifice fut rebâti sur le modèle de Sainte-Sophie de Constantinople ; et la direction des travaux fut confiée au célèbre architecte *Buschetto do Dalichio* (7).

La révolution produite par l'art byzantin devint générale (8); alors s'opéra un changement heureux dans le genre d'architecture appelé improprement gothique (9), que les peuples du nord avaient apporté dans le cinquième siècle. La hauteur et la lourdeur des voûtes fit imaginer de lier les colonnes entre elles, non plus par des architraves, mais par des arcs de briques; partout la voûte montait arrondie, se croisant, se jouant, se compliquant et annonçant la voûte labyrinthique des ogives.

Au retour de la première croisade, la forme ogive (10) qui commençait à se montrer avec hésitation, se développa ; on éleva des voûtes à perte de vue, on multiplia les nervures qui dessinent les arêtes. Les colonnes nombreuses et légères, détachées les unes des autres, quoique réunies en faisceaux, s'élevèrent à la hauteur prodigieuse des voûtes. Les cathédrales de Strasbourg, de Rheims, de Beauvais, d'Amiens, de Bordeaux, de Paris, etc., sont bâties dans ce style, et sont regardées comme des prodiges de l'art.

Chaque ville eut sa basilique. Sans les hordes barbares qui se précipitèrent sur la France, et renversèrent les temples du Seigneur, tous ces chefs-d'œuvre d'architecture seraient venus jusqu'à nous ; mais les xiie, xiiie et xive siècles produisirent des monuments religieux plus beaux que tous ceux qu'on avait admirés ; l'ardeur des constructions se réveilla dans tous les cœurs; on bâtit, à Paris, la *Sainte-Chapelle*, édifice si élégant et si pur que l'art moderne ne produira jamais rien de semblable (11). Les travaux furent confiés à l'un des plus célèbres architectes qui aient brillé dans la période artistique du moyen âge, *Eudes de Mon-*

treuil (12), artiste plein d'âme et de poésie, qui puisait l'originalité et l'énergie de son style dans ses méditations religieuses, et qui, pour la construction de ses basiliques, ne songeait qu'à traduire les pensées, les mystères et les symboles de la Religion. On ne lui doit pas seulement ce chef-d'œuvre ; il avait aussi travaillé à deux monuments contemporains de la Sainte-Chapelle : *Saint-Denis,* que le roi Dagobert avait fait d'abord construire dans le viie siècle, et où il déploya une magnificence royale, et *Notre-Dame*, la cathédrale par excellence, qui rappelle tant de souvenirs, et qui reçut si souvent sous ses voûtes l'élite de la nation, aux grandes solennités de la patrie.

On éprouve une profonde admiration, en voyant les monuments des xiiie et xive siècles où d'innombrables beautés sont répandues avec tant de profusion. D'un côté, Jésus célébrant la cène avec ses disciples ; de l'autre, l'Assomption de la Vierge Marie : ici les Anges gardiens protégeant un saint Ermite, là Satan et une multitude de démons ; partout des figures allégoriques, partout le génie du bien et du mal, partout Dieu et le démon (13).

Qui n'a pas vu encore ces monstres, ces sphinx, ces gorgones, ces harpies, ces animaux immondes suspendus, gueules béantes, au-dessus des toits de nos cathédrales, ou incrustés dans les murailles ? Ce qu'il y a encore de curieux à examiner, c'est la ceinture de modillons qui règne ordinairement autour de la nef, ce sont les figures représentées sur le portail ; il n'est au monde galerie de grotesques plus originale et plus riche : têtes de moines grimacières, singes affublés de chapes, contorsions de femmes en furie, hommes d'armes en transes de peur, tous les vices enfin, tous les péchés personnifiés, caricaturés. Il y avait là autre chose que des caprices d'artiste écrits sur cette pierre ; c'était une admirable satire que l'artiste rendait lisible et compréhensible pour le peuple ; car alors il était son tribun et son poëte (14). Tous ces détails, tous ces emblèmes gothiques frappaient l'imagination.

Les églises chrétiennes que nous admirons, hautes, hardies, symboliques et riches de sculptures au dehors, sombres, recueillies, mystérieuses au dedans, portèrent l'empreinte de la même inspiration ; il y avait enfin un ensemble qui imprimait cette noble majesté que le génie du christianisme jetait au front des édifices religieux.

Aux chefs-d'œuvre des siècles gothiques ont succédé les chefs-d'œuvre de la Renaissance (15), copies élégantes et raffinées de tout ce qu'il y avait de beau dans le monde chrétien, mais ne formant plus l'ensemble mystérieux de nos vieilles basiliques. L'imitation sévère prit la place de cette perfection exquise, de cette unité de pensée qui entraînait tout un peuple à la construction d'une cathédrale.

De nos jours, nous n'avons plus de type architectural, et l'art n'a pas encore brillé comme autrefois. — L'antiquité a produit le *Parthenon,* le moyen âge la *Cathédrale,* et nous, nous avons la *Bourse.*

Parmi nos vieilles cathédrales, celle de Grenoble, malgré ses défauts et ses imperfections, occupe un certain rang par son intérêt historique ; quoique sa description soit une œuvre difficile, j'ai osé l'entreprendre, avec l'appui de quelques titres authentiques.

Cette église, édifiée sous l'invocation de la Vierge Marie, n'a pas été l'ouvrage de quelques années, ni même d'un seul siècle ; la construction en a été reprise à des époques différentes (16), et, pour en rechercher les dates précises, il ne faut que parcourir les phases diverses qu'on y trouve de l'architecture. Cet édifice appartient à l'architecture nommée de convention gothique (17) ; il réunit les diverses nuances (18) que subit l'art au moyen âge dans le long intervalle qui s'écoula depuis l'époque où ses premiers fondements furent jetés, jusqu'au couronnement de l'œuvre. On chercherait en vain l'âge de l'Eglise dans quelques inscriptions, il n'en existe aucune ; il faut l'étudier sur la physionomie du monument. On ne doit pas s'attendre à trouver dans Notre-Dame l'architecture grandiose, ni les divers ornements que les siècles ont accumulés dans nos vieilles basiliques. Cette église, avec son architecture bizarre et massive, nous apparaît environnée de la sombre majesté du passé ; on trouve en effet, dans sa construction lourde et pesante, un reste visible d'habitudes romaines modifiées par les goûts des peuples barbares. C'est le style roman (19).

Les chroniqueurs (20) varient beaucoup sur l'époque de la fondation de Notre-Dame ; néanmoins, d'après quelques monuments authentiques, il paraît incontestable que les premiers fondements furent jetés par Charlemagne (21) dont le puissant génie avait compris toute l'influence de l'art sur la civilisation, et qui, étant passé à Grenoble en 773 (22), en se rendant en Italie, fit construire l'évêché, ainsi que la cathédrale qu'il dédia à la sainte Vierge. Une tradition dit même que ce prince, qui avait traversé plusieurs fois la province de Vienne, à la tête de nombreuses troupes, fonda cette église en reconnaissance d'une victoire remportée sur les païens (23).

Je suis loin de partager l'opinion de M. Pilot (24), qui attribue la fondation de la cathédrale à l'évêque Isarn, élu en 961. Il appuie son affirmation d'une preuve qu'il fait résulter de la combinaison de deux actes, dont l'un (25) de 951, *désigne l'église de Grenoble sous le simple nom de Saint-Vincent, tandis que dans le second acte de 960 (26) elle est indiquée deux fois sous l'invocation de Sainte-Marie et de Saint-Vincent*. Mais il a pu arriver que, dans le premier acte, il ait été question de quelques dons concernant seulement l'église Saint-Vincent, lorsque, sans doute, dans le second, il s'agissait d'un don se rattachant aux deux églises réunies, *Sainte-Marie* et *Saint-Vincent*. Au reste, M. Pilot a invoqué une autorité très-insuffisante pour faire prévaloir son opinion; il cite une charte de Saint-Hugues conçue en ces termes : *Notum sit.... quod post destructionem paganorum, Isarnus episcopus ædificavit ecclesiam gratianopolitanam (27).* Après la destruction des païens (28), l'évêque Isarn fit édifier la cathédrale *qu'il consacra*, ajoute M. Pilot (29), *à la sainte Vierge*. Quand saint Hugues désigne l'évêque Isarn comme ayant été le fondateur de la cathédrale, il a voulu dire (30) qu'Isarn en aurait été le restaurateur après les invasions et les ravages des Sarrasins (31); mais il n'est pas question, dans l'acte de saint Hugues, qu'il ait consacré ce monument à la sainte Vierge. Au reste, comment supposer qu'Isarn, élu en 951, ait pu déjà, en 960, avoir bâti et consacré la nouvelle cathédrale, si, comme il est démontré par des monuments authentiques, cet évêque est allé passer quelque temps à Saint-Donat (32), ayant été obligé de quitter son siége par suite de l'envahissement de Grenoble par une bande de Sarrasins venus en 954 (33), lesquels, au lieu de laisser élever un édifice religieux, renversaient ceux qui existaient (34) ?

M. Pilot (35) ne conteste pas l'occupation momentanée de Grenoble, mais il pense qu'elle a eu lieu par les Hongrois ou Hongres (36) qui, dit-il, ont seuls ravagé, au temps d'Isarn, Grenoble et le Graisivaudan; c'est un fait important qui méritait d'être exhumé de nos vieilles annales, et il est reconnu que cet historien est tombé dans l'erreur. Ceci n'infirme en rien l'autorité des écrits de M. Pilot, dont les travaux sont empreints d'un rare caractère de conscience et d'utilité.

Au temps de l'évêque Isaac, élu en 892, l'église de Grenoble était connue sous le double vocable de Notre-Dame et de Saint-Vincent, ainsi que cela résulte d'un acte rapporté par saint Hugues, 1er *Cartulaire, Acte* 10, où l'on trouve une donation faite par deux prêtres, Guitger et Ragambert, à l'église de Grenoble. *Quæ est constructa in honorem beatæ Virginis et sancti Vincentii, quùm Isaac episc. præesse videtur.* Ce titre paraît irrécusable, et M. le chanoine Barthélemy, en admettant que l'église de Grenoble était construite en l'honneur de la sainte Vierge et de saint Vincent, pense que l'auteur de cette charte a voulu exprimer que la donation avait été faite à l'église de Grenoble, *qui fut construite sous l'épiscopat d'Isaac.* C'est encore une erreur commise par la fausse interprétation donnée à cet acte ; les mots *ubi* ou *quùm Isaac episc. præesse videtur*, doivent se traduire : *Lorsque l'évêque Isaac administrait l'église.* Cet acte étant de 902 et l'élection d'Isaac ayant eu lieu en 892, il n'est pas probable que la cathédrale ait été construite dans ce court intervalle de temps ; au reste, l'opinion de M. le chanoine Barthélemy n'est appuyée d'aucun document de quelque valeur.

De toutes ces preuves, il résulte que la construction de la

cathédrale remonte à une époque antérieure à l'épiscopat d'Isarn, ainsi qu'à celui d'Isaac ; on peut conclure avec plus d'assurance, par l'inspection des parties anciennes de l'édifice qui se rapportent au style architectural du viiie siècle, que les travaux ont été commencés par Charlemagne et continués par les évêques qui ne furent pas obligés de quitter leur siège (37) ; car on sait qu'à cette époque, et durant une période de plus de cent ans environ (38), les invasions sans cesse renaissantes des Lombards, des Hongrois (39) et des Sarrasins, dans le Dauphiné et la ville de Grenoble, auraient forcé plusieurs prélats à se rendre momentanément dans un prieuré fortifié, sur la montagne de Parménie (40).

Il est vrai que les reconstructions successives qui ont eu lieu, ont fait perdre à cet édifice une partie de son caractère primitif. Restauré sous l'épiscopat d'Ebroaldus, en 834 (41), réédifié au temps d'Isarn en 957 (42), agrandi dans l'année 1088 (43) par saint Hugues qui, élu évêque en 1080, répara les édifices religieux bâtis avant son épiscopat; les traces de cet accroissement de l'église sont visibles; les voûtes ogivales de la nef latérale de droite qui aboutit à la sacristie, et les voûtes de la nef qui se trouve à côté portent évidemment le cachet de deux époques bien distinctes.

Toute œuvre revêt l'empreinte de sa date, c'est-à-dire le caractère de son époque (44). On reconnaît facilement, dans la cathédrale, par le genre du style, que ses constructions appartiennent à des siècles divers. Ici le plein cintre, là une tendance à l'ogive, ailleurs l'ogive parfaite ; c'est un mélange confus de beau et de laid, de régulier et de bizarre ; c'est l'absence de toute unité d'architecture.

L'intérieur, qui offre un parallélogramme, se compose d'un

porche massif supportant un buffet d'orgues, d'une longue nef et de deux bas côtés divisés dans leur longueur par deux rangs de lourds piliers surmontés de tribunes. Quelques chapelles ornent la deuxième nef latérale de droite, où elles s'enfoncent ténébreuses sous l'angle aigu de l'ogive ; on n'en voit qu'une seule le long de la nef gauche. Il y a ainsi trois nefs latérales ; elles sont tellement basses qu'elles rappellent le style *monacal;* celle à gauche est en plein cintre, la première à droite indique une tendance à l'ogive, et la deuxième du même côté est en ogive parfaite ; quatorze piliers détachés et huit engagés soutiennent les retombées des arcades. Il n'y a pas de vitraux peints.

En entrant dans la nef de gauche, on aperçoit sous les voussures quelques sujets de fantaisie en sculpture ; l'ensemble des formes est incorrect et grossièrement exécuté ; le style annonce visiblement l'enfance de l'art.

Il existe encore un tronçon de voûte de l'ancien édifice ; ce fragment, qui se trouve au-dessus de la tribune de gauche, dans la partie qui correspond au chœur et aboutit à la chapelle Saint-Hugues, nous apprend que la construction primitive était moins élevée que l'église actuelle.

Encore à gauche de l'église, et vers le milieu de la nef, est le noir escalier qui conduit à travers l'épaisseur des murs jusqu'aux tribunes ; c'est en cet endroit que l'on voit la partie de la construction qui a été greffée sur les murs de la primitive église.

A côté de la sacristie, en dehors de l'église et dans la position de la droite du chœur, se trouve un fragment de l'antique muraille dont l'empereur Gratien fortifia la ville. Les caveaux ne présentent aucun intérêt.

Cette église, dont la nef principale est assez remarquable par sa correction, n'offre que des détails mesquins dans tout le reste de son exécution ; la construction à l'extérieur est, comme à l'intérieur, pauvre, sans caractère, sans harmonie religieuse. Tournez autour de cet édifice, vous ne trouverez qu'une carcasse de bâtiment enclavée presque de tous côtés par des constructions. Certes, devant cet édifice d'un extérieur si rétréci, si froid, si dépouillé de tout effort pour en animer la pierre, pour la faire parler à l'intelligence et au cœur, pour lui faire révéler le secret qu'il renferme, jamais vous ne croiriez que c'est là une cathédrale ; car la pensée reste froide devant le portique de notre église, et comme étouffée dans son étroite enceinte.

Le bas de la façade est percé de trois grandes portes, dont deux de forme ogive ; celle du milieu, qui est ouverte en plein cintre, demeure ferme et inébranlable comme une tradition vivante de l'antiquité de l'édifice (45). En effet, je rapporte à la première époque de la fondation de l'église ce porche pratiqué en enfoncement, et surmonté d'une tour tétragone. C'était primitivement la seule entrée de l'église ; on voit, à la naissance de la nef latérale de gauche, les traces de l'ouverture qui dut être faite lorsqu'on construisit la partie droite de l'édifice où la porte actuelle fut pratiquée.

Le clocher, bâti en briques (46), et dont le style participe du four à chaux et du pigeonnier, n'a qu'une très-petite élévation. On prétend cependant que cet édifice, le plus élevé qu'il y eût à Grenoble, fut démoli par les Maures ; la partie bâtie en grosses briques paraît se rattacher au temps de l'épiscopat d'Isarn, ce qui est constaté par l'identité de sa construction avec l'ensemble du monument attribué à cette époque.

Si l'artiste est péniblement affecté en voyant l'entrée de la cathédrale et l'aspect de l'intérieur, il sent renaître son enthousiasme dès qu'il s'approche du chœur, dès qu'il aperçoit l'antique sanctuaire, auquel on donne improprement le nom d'obélisque (47), qui s'élève sur le côté droit du chœur, depuis le fondement jusqu'à la voûte de l'église. On ne peut se lasser d'admirer cette dentelle de pierre aussi légère que variée dans ses dessins et dans ses compartiments, ces beautés de détail qui attestent la supériorité de l'art ; c'est le xive siècle qui a créé (48) cette jolie fleur d'architecture gothique. Vis-à-vis ce monument qui élève si gracieusement ses dentelures aériennes, ses colonnettes si fines, si déliées, si légères, se trouve un mausolée de sculpture gothique, que fit construire, en 1407, pour recevoir les dépouilles mortelles des Evêques de Grenoble, *Aymon Ier de Chissé*, qui aimait et protégeait les arts. Ce monument, en forme d'autel, est, quoique massif, d'un travail assez remarquable ; on y lit cette inscription : *Hanc sepulturam fecit fieri Aimo de Chissiaco ep. vs. Gratianop. an^o d^{ni} m^o IIII° VII. pro remedio animæ suæ et suorum prædecessorum et successorum* (49). Il y a dans l'ensemble de cette église, la majesté qui caractérise les monuments gothiques ; on y reconnaît le souvenir vivant des siècles chrétiens.

A côté de la cathédrale, s'élève l'église de Saint-Hugues qui, sous le vocable de S. Vincent, est restée métropole jusqu'à la construction de Notre-Dame qui lui a été adossée. On peut encore apercevoir, de l'intérieur des tribunes, l'emplacement des grandes croisées par lesquelles l'église Saint-Hugues recevait le jour du côté de Notre-Dame. La construction primitive de Saint-Hugues appartiendrait, comme le pense M. le chanoine Barthélemy, aux premiers temps du christianisme (50); elle est composée d'une seule nef, dont la voûte, reconstruite dans le xie siècle, est assez hardie; elle est décorée de quelques ouvrages gothiques dans la partie contiguë au palais épiscopal. On admire les festons et les enlacements qui s'y trouvent répandus.

Le cœur est plein d'un saint respect au milieu de cette chapelle où l'on parvient de l'intérieur de la cathédrale par quatre degrés. On ne peut s'empêcher d'admirer la régularité d'ensemble jointe à la plus heureuse disposition des lignes. Il y a quatre tableaux modernes qui se font remarquer par une bonne exécution : ce sont les seuls ornements que l'on y aperçoive. Le jour y arrive par une seule grande fenêtre; l'on y trouve cette demi-obscurité si favorable au recueillement, et qui pénètre de ces paroles de Jésus, rapportées par saint Luc : *Domus mea est domus orationis.* C'est que l'église Saint-Hugues est plus sainte, plus primitive, plus mystique, plus religieuse que Notre-Dame : elle est revêtue du caractère des premiers temples chrétiens.

Les monuments antiques doivent être pour les peuples ce qu'est pour chacun de nous un portrait de famille, un souvenir précieux de ceux qui ne sont plus et que l'on doit conserver religieusement (51). L'église Saint-Hugues, comme page extraordinaire, comme date religieuse, mérite nos respects; cependant, malgré ce caractère primitif qui en fait un des monuments les plus précieux que l'on possède à Grenoble, on vient de lui enlever, par le badigeon, son parfum d'antiquité. Qu'il me soit permis de faire entendre une voix accusatrice contre une dégradation si indigne : *c'est un acte de vandalisme que l'on doit flétrir d'un blâme sévère* (52), et il m'est impossible de souffrir, sans protester, une semblable barbarie. Préservons de toute atteinte le petit nombre de monuments qui réflètent la physionomie et les traditions des anciens jours (53) ; conservons de tout notre pouvoir ces belles choses du passé, de ce passé devenu le domaine de l'histoire, qui soutiendra parmi nous un amour vrai pour tout ce qui est grand, noble et digne du respect des hommes.

NOTES

SUR LA NOTICE HISTORIQUE ET DESCRIPTIVE

DE NOTRE-DAME DE GRENOBLE.

(1) Le *Dictionnaire de l'Académie*, dont le devoir est de définir toutes choses, appelle *moyen âge* : « le temps qui s'est écoulé depuis la chute de l'empire romain, en 475, jusqu'à la prise de Constantinople, en 1453. » Au reste, le moyen âge, à prendre le sens général du mot, c'est la période historique placée entre le temps ancien et le temps moderne.

(2) J. M. Cayla. — *Histoire des cathédrales*.

(3) Châteaubriand. — *Génie du christianisme*.

(4) Morel. — *Musée du midi*.

(5) *Journal des Beaux-Arts*, publié, à Paris, par le comité de propagation des arts et des lettres.

(6) Au plein cintre et à l'attique roman succéda l'architecture byzantine.

(7) J. M. Cayla fournit ce renseignement.

(8) A la fin du xie et dans le xiie siècle, cette couleur byzantine domina surtout dans les monuments du Midi, mais avec des nuances toutes lo-

cales. Ici le byzantin pur, sans alliage, sans motifs hétérogènes; là l'a;-chitecture lombarde, qui est la corruption du type grec.

Hippolyte DE BARRAU.

(9) C'est l'architecture qui s'éloigne des proportions et du caractère de l'antique. On appelle architecture gothique ancienne, celle que les Goths ont apporté du Nord; l'architecture gothique moderne est moins lourde, moins pesante, mais surchargée d'ornements.

(Revue de l'Aveyron et du Lot.)

Ce qu'on appelle vulgairement *gothique* ne date que du temps des croisades. (Albert DU BOYS. — *Vie de S. Hugues.*)

Le *gothique* ancien s'essaya d'abord par de massifs monuments; cette architecture présente un reste visible d'habitudes romaines modifiées par les goûts des peuples barbares; c'est le style *roman*.

Le gothique moderne a dominé surtout après le XIIe siècle. Presque toutes les cathédrales gothiques sont du commencement du XIIIe siècle. Cologne, 1246. — Rheims, 1332. — S. Gudulle de Bruxelles, 1226.

(M. le comte DE MONTALEMBERT. — Introduction à l'histoire de Ste Elisabeth de Hongrie.)

(10) C'est aux XIe, XIIe et XIIIe siècles qu'a eu lieu le grand élan de l'architecture ogivale.

(GILBERT. — Notice sur Notre-Dame de Chartres.)

L'ogive, cette noble et majestueuse composition du XIe siècle, est toute nationale.

(11) Notice sur Sainte-Cécile d'Albi.

(12) Construction sur la Sainte-Chapelle de Paris. (*Le Catholique.*)

(13) Description de la cathédrale d'Albi.

(14) Félix Maynard. — *Revue des Beaux-Arts*, 1836.

(15) Époque de transition entre la barbarie du moyen-âge et la civilisation des temps modernes. Elle poussa la France dans cette voie de progrès et d'améliorations qu'elle parcourt avec tant de succès ; elle fit jaillir le génie national ; elle fut le prélude du XVIIe siècle, dont les mille gloires, les mille renommées ont fait asseoir la France sur le trône des nations.

(*Revue de l'Aveyron et du Lot.*)

(16) Sous les évêques Ebroaldus, élu en 831 ; Bernarius, élu en 863 ; Isarn, élu en 951, et S. Hugues, élu en 1080.

(17) J'ai déjà dit que le gothique ancien était une architecture lourde et massive.

(18) En mêlant le plein cintre avec l'arc arrondi, on a imité les grands effets produits par le mélange du genre gothique avec les éléments de l'architecture romaine.

(19) Ce n'est qu'aux XIIe, XIIIe et XIVe siècles que les églises revêtirent un caractère vraiment architectural ; l'ogive prodiguée dans les détails de leurs constructions le prouve suffisamment. Au XIe siècle on connut ce type arrêté et exclusif, l'architecture romane fut alors seulement vaincue.

E.-B.

(20) Pilot, le chanoine Barthélemy, Gras du Villard, Albert du Boys, Chorier, Valbonnays et autres qui se sont livrés à des recherches historiques.

(21) Un médaillon en pierre dure, représentant le buste de Charlemagne de grandeur naturelle, a été trouvé, en 1826, derrière la boiserie d'une cheminée, dans la maison située au pied de la tour qui s'élève en face de la cathédrale. Autrefois l'évêché construit par Charlemagne s'étendait depuis l'église Saint-Vincent, aujourd'hui Saint-Hugues, contre laquelle ce prince adossa la cathédrale jusqu'à cette tour.

J. J. A. Pilot.—*Histoire de Grenoble.*

L'inspection du genre de la partie ancienne de l'architecture qui caractérise ce monument, suffirait pour assigner l'époque de sa fondation au temps de Charlemagne, s'il n'existait d'autres preuves.

(22) *Histoire de France*, *Histoire du moyen âge et Histoire de Grenoble*, par Pilot.

(23) Il est rapporté dans un ancien registre de la chambre des comptes que *le Roi de Maurienne, attaqué par les païens dans la vallée profonde qu'on appelle actuellement la vallée de Grenoble, fut secouru par Pépin, roi de France. Pépin avait épousé Berthe, fille de ce Roi de Maurienne; elle fut la mère de Charlemagne, lequel ayant achevé de vaincre les païens, et les ayant chassés de Grenoble, fonda, en reconnaissance de cette victoire, l'église cathédrale.*

Vie de S. Hugues.

Après l'établissement des Francs dans la Gaule, le progrès des hautes études qui s'était naturalisé en deçà des Alpes, fut violemment arrêté par les guerres sanglantes que le Dauphiné eut à soutenir contre les incursions des barbares. Dès lors, l'ignorance et la barbarie, quoiqu'un peu tempérées par l'établissement du christianisme, se répandirent partout, et le pays éprouva, pendant trois siècles, des malheurs qui ne cessèrent que sous le règne de Charlemagne. C'est sous ce prince que les arts trouvèrent de puissants encouragements.

Conquis par les Francs, le Dauphiné, incorporé au royaume d'Austrasie, fut, vers 730, envahi par les Sarrasins, mais bientôt Charles Martel, vainqueur à Poitiers, le rattacha au royaume des Francs. Plus tard le Dauphiné fit partie du royaume d'Arles ou de Provence, puis du second royaume de Bourgogne, fondé par Boson.

Henri Berthoud. — *France historique.*

(24) Voir son *Histoire de Grenoble*, page 28, et une dissertation sur l'époque de la fondation de la cathédrale, dans un opuscule intitulé : *Coup d'œil sur le Dauphiné au Xe siècle.*

(25) *Isarnus, sanctæ ecclesiæ Gratianopolitanæ episcopus.. ex tellure sancti Vincentii.... investiturá partibus. Sancti Vincentii.... Ad præ-libatam sancti Vincentii ecclesiam..... Ego Eldradus rogatus scripsi. Data tertiá feria, quinto idus augusti, anno decimo tertio regnante Condrado rege.*

(Cet acte est du 9 août de la treizième année du règne de Conrad, ce qui correspond à l'année 951.)

(26) *In nomine... Isarnus, Gratianopolitanensis sedis episcopus... Ad potestatem sanctæ Mariæ et sancti Vincentii... revertatur... Nisi à successoribus sanctæ Mariæ et sancti Vincentii In die feriá tertiá anno XXI regnante Condrado.*

(Cet acte est de la dix-huitième année du règne de Conrad, ce qui correspond à l'année 960.)

Par le premier de ces actes, Isarn fait savoir aux chanoines de son église qu'il a remis certains biens à un Seigneur appelé *Tendrada* ; par le deuxième, il donne un champ à un particulier sans qu'il lui soit permis de l'aliéner autrement que du consentement de Notre-Dame et de Saint-Vincent.

Albert DU BOYS. — *Vie de S. Hugues.*

(27) Gratiano-polis, ville de Gratien : *In provinciá Viennensi civitas gratianopolitana à Gratiano sic dicta.*

(*Hist. gall.*, tom. 2, pag. 10.)

Plusieurs monuments authentiques nous apprennent que Grenoble, autrefois *Cularo*, fut nommée *Gratianopolis* en l'honneur de l'empereur Gratien qui, en 377, ayant passé à *Cularo*, en fit réparer les fortifications et y établit en même temps un siége épiscopal. C'est vers le milieu du IVe siècle que fut nommé le premier évêque de Grenoble; il s'appelait Domnin (Domninus). Depuis ce premier pasteur, jusqu'à ce jour, l'église épiscopale a compté soixante-quinze évêques.

INVASION DES SARRASINS.

(28) Par le mot païens, on entend désigner les Sarrasins ou Maures. Tous les historiens, excepté M. Pilot, partagent cette opinion.

D'après un ouvrage récemment publié par M. Reynaud, membre de l'Institut, *sur les invasions des Sarrasins*, on ne peut pas douter que le Graisivaudan et la Savoie aient été envahis par eux dans le milieu du xe siècle. On lit *dans la Notice chronologique sur les évêques de Grenoble* que ces barbares auraient ravagé le Graisivaudan, lors de leur dernière invasion en France, où ils arrivèrent par mer, sur les rivages de Provence, en 942. Hugues de Bourgogne les avait d'abord repoussés à Saint-Tropez; mais ayant appris que Béranger, son concurrent pour la couronne d'Italie, s'était enfui en Allemagne et se disposait à venir lui disputer sa couronne, non-seulement il laissa sa victoire incomplète, mais il maintint les Sarrasins dans toutes les positions qu'ils occupaient, à la seule condition que s'établissant au haut du grand Saint-Bernard et sur les principaux sommets des Alpes, ils fermeraient les principaux passages de l'Italie à son rival. Ainsi, favorisés par le prince même qui régnait sur la Provence et la Bourgogne, ils n'eurent aucune peine à s'établir sur la grande chaîne des Alpes; de là, ils faisaient de fréquentes excursions dans les plaines voisines, et c'est après l'année 942 qu'ils portèrent leurs ravages jusques dans la vallée de Graisivaudan et pénétrèrent dans la ville de Grenoble.

Dans un ouvrage intitulé *Rerum italicarum scriptores*, tome 2, page 462, Leitprand adresse de sévères reproches à *Hugues de Bourgogne*, d'avoir pris ces barbares pour sa défense, et charge de poétiques imprécations *Montem Jovis*, le mont Saint-Bernard qui servait ainsi de forteresse aux infidèles.

L'histoire du moyen âge, par M. Desmichels, rapporte que « dans le
» ixe et xe siècle, la France et l'Italie furent assaillies sur tout le littoral
» de la Méditerrannée par les Musulmans d'Afrique et d'Espagne.

» Les Sarrasins Espagnols reparurent sur les côtes de la Provence, en

» 837, 838, 842, 845, 851, 869, etc., pillèrent Marseille et Arles,
» s'établirent dans la Camargue et détruisirent plusieurs villes dont il ne
» reste que des ruines. La colonie qu'ils établirent, en 888, à Fraxinet
» (La garde Fraisnet), devint leur place d'armes et le centre des opéra-
» tions militaires. Pendant près d'un siècle qu'ils l'occupèrent, ils ne ces-
» sèrent de faire des excursions dans le royaume d'Arles ou de Provence
» et en Italie. Le comte Hugues de Provence, devenu roi d'Italie, les
» chassa pour quelque temps de Fraxinet, en 942, mais voulant les faire
» servir à ses projets, il leur confia la défense des Alpes contre son com-
» pétiteur Béranger II. Dès lors, une barrière naturelle ne protégea plus
» ni la France, ni l'Italie. Les postes Sarrasins qui formaient une chaîne
» depuis Fréjus jusqu'à Saint-Maurice, en Valais, interrompirent les com-
» munications entre les deux pays.

» La Reine Berthe, de Provence, arrêta ces barbares dans la Transju-
» rane, et son fils, Conrad le Pacifique, les affaiblit par un heureux stra-
» tagème, sans pouvoir en délivrer son royaume.

» Les Sarrasins furent enfin chassés de nos rivages, en 972, par le
» comte Guillaume Ier, qui mérita, par ce service glorieux, *le titre de*
» *Père de la patrie.* »

(29) Coup d'œil sur le Dauphiné au Xe siècle, pag. 10. — M. PILOT.

(30) Dans la *Vie de S. Hugues*, M. Albert du Boys donne cette interprétation, que je trouve très-exacte.

(31) Des titres du XIIe siècle désignent une partie des murs de Grenoble sous le nom de *mœnia sarracenorum*.

Il existe, dans la vallée du Graisivaudan, près la route de Grenoble en
Maurienne, et à l'entrée de la gorge de Lancey, une grotte appelée par
les paysans du lieu, *Grotte des Sarrasins*.

Il est rapporté, par les gens âgés du pays, qu'un M. Valet, qui s'oc-
cupait d'antiquités, a trouvé des pièces de monnaie dans cette grotte, ce

qui fait supposer que quelques personnes s'y étaient réfugiées lors de l'invasion des Sarrasins.

(*Notes à l'appui de la Notice chronologique sur les évêques de Grenoble.*)

(32) *Barnuinus Viennensis archiepiscopus, Isarno, Gratianopolitano episcopo, ecclesiam, et salmoriacensem pagum concesserat, donec Gratianopolitanæ ecclesiæ pax à vastatione redderetur.*

(Cartulaires de saint Hugues.)

(33) Une inscription trouvée à Saint-Donat porte ces mots, avec le chiffre LMIIII ou 954 :

Per Mauros habitanda diù Gratianopolis ista.
Lipsana sanctorum præsul ab urbe tulit.

(34) Dès son retour de Saint-Donat, l'évêque Isarn, après avoir rétabli la paix dans son diocèse, s'occupa de la reconstruction de la cathédrale dédiée à saint Vincent et à la sainte Vierge.

(35) Dans une lettre insérée dans la *Revue du Dauphiné*, tom. 2, M. Pilot cite des chartes et des actes, d'où il résulte qu'Isarn a passé peu de temps à Saint-Donat.

INVASION DES HONGROIS.

(36) « Les Maures, dit M. Pilot, *dans une Notice historique sur le*
» *Xe siècle*, ont porté, à diverses reprises, la désolation dans nos campa-
» gnes, surtout au VIIIe siècle et au commencement du Xe siècle. A cette
» dernière époque parurent aussi les Hongres qui, deux fois, pénétrèrent
» dans notre province en 924, lorsqu'ils la traversèrent d'une extrémité
» à l'autre ; et en 953 ou 954, lorsqu'ils vinrent chercher leur tombeau

» dans le Graisivaudan. » Cette dernière défaite est constatée dans un ancien registre de la Chambre des comptes.

« J'ai regardé, comme vraie, dit-il encore, l'occupation de Grenoble » par des païens ; mais j'ai reconnu par les inductions du texte d'un acte » de saint Hugues, qu'elle avait peu duré, et qu'elle datait uniquement » de l'épiscopat d'Isarn. »

M. Pilot est le seul historien qui pense que les Hongres sont la nation païenne qui a occupé Grenoble en l'année 953. Il est un peu difficile de faire accepter une telle réforme historique.

L'*Histoire du moyen âge*, par Des Michels, nous apprend que les « Hongres ou Ougres Madgiares, originaires de l'Oural, ayant été chassés » des bords du Volga par les Petchénègues, et repoussés de l'Ukraine par » les russes Warègues, arrivèrent dans la Dacie, sous le nom de Hongrois, » en 889. Arpad, leur chef, les établit sur les bords de Theiss, dans une » contrée presque déserte, où les restes de la nation avare se mêlèrent » avec ces étrangers, qui avaient avec eux une origine commune. Sous le » règne de Zoltan, fils d'Arpad, en 907, ils se jetèrent sur l'Allemagne, » gagnèrent la bataille sanglante d'Augsbourg, où périt le duc Léopold » de Bavière, et dévastèrent le royaume jusqu'aux bords du Rhin et de » la Saale. Conrad Ier les éloigna par la promesse d'un tribut annuel ; » mais la victoire de Mersbourg, remportée par Henri Ier, en 933, affran-
» chit la Germanie de cette honte, et Othon le Grand, vainqueur à » Augsbourg, fit reconnaître aux Wayvodes hongrois la suprématie de sa » couronne, en 955.

» L'Italie avait aussi attiré les Hongrois par ses richesses et son beau » ciel, et Béranger Ier ne put triompher de leur courage sur les bords de » la Brenta (899). Vaincu par ces barbares, il les prit ensuite à sa solde » pour contenir ses sujets rebelles, et tenir en respect les Sarrasins de » Fraxinet qui harcelaient sa frontière occidentale. Mais ces barbares une » fois habitués en Italie, y commirent toutes sortes de brigandages, et lors-
» que la mort de Bérenger les eut relevés de leurs engagements envers » lui, ils allèrent brûler sa capitale, en 924. Le roi Hugues leur prodi-
» gua, comme son prédécesseur, les trésors de l'Italie, non pour se ser-
» vir d'eux, mais pour les éloigner. »

Le royaume de Provence fut ainsi envahi par les Hongres, pendant les années qui suivirent 924 ; mais ils en furent bientôt expulsés, et ils n'étaient plus dans ce pays en 642, époque où les Sarrasins reparurent dans le Dauphiné pour y porter la désolation et la mort.

(37) Une tradition ancienne fait remonter à 860 l'invasion de Grenoble par les barbares ; ils auraient chassé Hébo de son siége.

Quelques auteurs modernes révoquent en doute la nécessité où auraient été les évêques de Grenoble de quitter leur siége pendant les années où les infidèles avaient envahi le Graisivaudan.

(38) Chorier et Valbonnays admettent ce fait :

Après la mort de Charlemagne, en 814, il s'éleva de si grandes divisions, que l'empire fut bientôt assailli par une nouvelle invasion que les armes victorieuses de ce grand homme avaient arrêtées pendant quelques années ; les Northmans à l'ouest, les Slaves au nord, les Hongres à l'orient, et au midi les Sarrasins.

(M. DES MICHELS.)

(39) Plusieurs invasions, celle des Lombards et celle des Hongres, passèrent comme des orages sur l'ancienne province viennoise ; celle des Sarrasins qui réussirent à s'établir dans les Alpes cottiennes et qui même prirent et occupèrent Grenoble, laissa des traces plus durables de ses victoires et de ses ravages.

Voir le manuscrit de Raymond Juvénis sur l'*Histoire du Dauphiné* et l'*Histoire des Hautes-Alpes*, par M. de Ladoucette, ancien préfet.

(40) Suivant d'anciens catalogues des évêques de Grenoble, plusieurs prélats n'auraient pu, à cause des invasions de diverses hordes de barbares, demeurer dans Grenoble d'une manière permanente. Ils exerçaient leurs fonctions pastorales dans un prieuré fortifié, situé sur la montagne de Parménie, lequel aurait été cédé à Ramnoldus par l'archevêque de Vienne, Austrobert. Ce prieuré se trouve désigné dans les Cartulaires de Saint-Hugues sous le nom de *Castrum minuetum*. Il faisait partie du comté de Salmoirenc.

Cette tradition est acceptée, comme vraie, par le chanoine Gras du Villard, auteur de quelques *Opuscules sur le Dauphiné.*

La plupart des critiques modernes révoquent en doute la nécessité où auraient été les évêques de Grenoble de quitter leur siége pendant plus de cent ans.

(Albert DU BOYS.)

Pendant près d'un siècle, dit l'*Histoire du moyen âge*, les Sarrasins qui occupaient Fraxinet depuis l'année 888, ne cessèrent de faire des excursions dans le royaume d'Arles ou de Provence.

(41, 42, 43) Années où l'on a dû s'occuper des travaux de reconstruction.

(44) Lagrèze Fossat. — *Abbaye de Moissac.*

(45) Ce porche se rattache à l'époque primitive de la construction de l'édifice par Charlemagne.

(46) C'est avec une brique semblable que fut bâti l'évêché sous Charlemagne.

(47) Un obélisque est une sorte de pyramide étroite, longue et faite d'une seule pierre.

(48) L'*Ordo viennensis* fait remonter ce monument à une époque contemporaine de la création de la cathédrale; c'est une erreur, car on reconnaît, d'après l'inspection du genre d'architecture qui caractérise cet ouvrage, qu'il n'est pas d'une époque si reculée; ce serait encore inexact de le rattacher au temps de l'évêque Izarn; on ne faisait pas alors de *gothique* aussi pur et aussi délicat.

C'est sous l'évêque Jean de Chissé, élu en 1337, que fut élevé ce monument fait avec un art si merveilleux.

(49) Aymon Ier de Chissé prit possession de l'évêché de Grenoble vers la fin de l'année 1388.

(50) Domnin (Domninus) qui vivait dans le milieu du IVe siècle, est le premier évêque de Grenoble que l'on connaisse; il assista en 381 au concile d'Aquilée, présidé par saint Ambroise.

(51) *Revue de l'Aveyron et du Lot.*

(52) Mary Lafont. — *Rocamadour.*

(53) C'étaient des superbes basiliques, des sublimes cathédrales qui jetaient au ciel leurs clochers gigantesques comme de magnifiques élans du cœur qui s'élèvent à Dieu.

www.ingramcontent.com/pod-product-compliance
Lightning Source LLC
Chambersburg PA
CBHW060524050426

42451CB00009B/1156